43

Lb 165.

SHERLOCK,

EX-LÉGISLATEUR,

A SES

ANCIENS COLLEGUES.

« Le calomniateur dit en lui-même : Calomnions ;
« quelque effort qu'on fasse pour guérir la blessure,
« la cicatrice en restera. »

VOLTAIRE.

Dans un gouvernement libre, dont presque tous les emplois sont électifs, un citoyen qui a été en butte à la calomnie, se trouve par cela seul dans la position la plus défavorable.

Garde-t-il le silence, on est porté à croire les imputations absurdes dont il a été l'objet; veut-il le rompre, on lui reproche de vouloir se rendre intéressant, ou de chercher les moyens d'occuper de lui.

Placé entre ces deux écueils, il n'a fallu rien

moins que les conseils de quelques hommes occupant les premieres places de l'état, et dont je respecte les avis (1), pour publier un exposé rapide et fidele de ma conduite civile et militaire pendant la révolution.

C'est à vous, mes anciens collegues, et à vous, mes concitoyens, qui m'honorâtes de toute votre confiance (2), que cet écrit est particulièrement destiné; c'est votre estime qu'on a voulu me ravir, c'est elle qu'il m'importe de conserver.

Dans une république aussi vaste et aussi peuplée que la France, on peut vivre long-tems avec un de ses concitoyens, partager même avec lui une fonction publique, sans le bien connaître et sans pouvoir souvent l'apprécier.

Un homme intéressé à nuire trouve toujours l'occasion de semer des doutes sur la moralité et la réputation la mieux fondée.

En me rappelant à votre souvenir, mes anciens collegues, j'ai voulu vous prouver combien votre estime m'est chere; j'ai voulu justifier l'intérêt dont plusieurs d'entre vous me donnent chaque

---

(1) Je veux parler ici de plusieurs de mes anciens collegues, aujourd'hui membres du sénat, du conseil d'état, du corps législatif, et du tribunat.

(2) Mon département me députa, en l'an six, pour trois ans au corps législatif. L'assemblée électorale se divisa : je reçus une marque éclatante de la confiance de mes concitoyens par la réunion des suffrages que j'obtins dans les deux assemblées.

jour de nouvelles preuves; j'ai suivi enfin les conseils de ceux qui, paraissant affligés de me voir *sans état et sans emploi* (3), ont cru qu'une explication précise sur ma conduite pendant la révolution devenait nécessaire.

Il en est peu parmi vous qui soient instruits des faits que je vais mettre sous vos yeux, et qui établissent mes droits à la conservation de votre estime et de votre amitié.

Les premieres circonstances de ma vie publique offrent le tableau de mes services militaires. Né dans le sein d'une commune célebre par ses malheurs, l'on me fit plus d'une fois un crime d'être Lyonnais (4).

Mon pere, né en France (5), me destina de

(3) Mes anciens collegues ne pouvaient me témoigner un intérêt plus cher que de concevoir la peine que je dois nécessairement éprouver de voir si long-tems mon zele condamné à l'inutilité.

(4) J'ai perdu au siege de Lyon amis, parens, et fortune.
J'étais l'unique héritier d'une tante, âgée de quatre-vingts ans, jouissant de 40,000 liv. de rente: elle porta sa tête sur l'échafaud. Ses biens ont été acquis à la nation sans aucun espoir de restitution.

(5) J'ai été tant de fois dénoncé comme étranger, comme Anglais, qu'il n'est peut-être pas indifférent d'entrer dans quelque explication. Mon pere était d'origine irlandaise : mon aïeul s'était réfugié en France à la suite des révolutions d'Angleterre; il avait été naturalisé Français, et il est mort au service de France. Mon pere, né et marié en France, fit ses premieres armes sous ses ordres, comme j'ai fait les miennes sous ceux de mon pere.

bonne heure à l'état militaire; c'était celui qu'il avait embrassé lui-même, celui que deux de ses freres avaient suivi (6): l'honneur de mourir dans les bras de la victoire fut toute la succession qu'ils me laisserent. Les armes étaient ma seule ressource, et je les portai très jeune (7).

Je passai dans l'Inde, en 1788, avec l'expédition destinée pour la Cochinchine; j'y ai fait avec mon régiment les campagnes de 1788, 1789, et 1790 : je ne suis rentré en France que sur la fin de cette derniere année.

C'est dans la premiere effervescence de la révolution que je débarquai sur un des points plus particulièrement tourmentés par le délire révolutionnaire, par la résistance qu'opposaient les privilégiés aux améliorations projetées, et par les manœuvres de l'Angleterre.

Envoyé bientôt après en Amérique, l'expédition chargée de nous faire parvenir à notre nouvelle destination fut forcée de relâcher à l'isle de Ténériffe, où nos vaisseaux resterent condamnés, et

---

(6) Mon pere fut blessé à la bataille de Fontenoi; mes deux oncles y furent tués. (Renseignemens faciles à trouver au bureau de la guerre.)

(7) J'étais sous-lieutenant, à l'âge de seize ans, dans un des régimens d'infanterie irlandaise au service de France, dont mon pere était lieutenant-colonel. J'avais refusé d'entrer dans le régiment d'*Hibernia*, dont mon grand-oncle, Don Juan Sherlock, lieutenant-général au service d'Espagne, était colonel propriétaire.

où nous attendîmes de nouveaux bâtimens de France, pour nous transporter aux isles sous le vent de l'Amérique, où j'ai fait les campagnes de 1791 et 1792.

Deux blessures, dont une faillit me faire perdre la jambe gauche, nécessiterent mon retour en France.

Le comité de salut public me porta au grade de chef de bataillon, et me conféra le commandement des côtes de l'Ouest, depuis Quimper jusqu'à Port-Malo.

J'eus à y combattre journellement les révoltés, et à m'opposer aux tentatives de débarquement de plusieurs corps d'émigrés (8).

Quelque tems après je fus promu au grade d'adjudant-général (9).

J'ai été successivement employé aux armées de

(8) Il ne suffit pas toujours d'être irréprochable pour être à l'abri de la persécution. J'avais été officier de ligne sous l'ancien régime : on en conçut des motifs de suspicion à mon égard; on surprit la bonne foi des représentans du peuple, et je fus compris dans les mesures de sûreté générale, ou, pour mieux dire, de proscription qui existaient à cette époque.

Les soins et le zèle que j'avais apportés dans mon commandement, l'évidence des faits ne purent me soustraire à un emprisonnement long et rigoureux dans la tour dite de la Montagne, à Rennes.

Je dus ma liberté au 9 thermidor et à la justice du représentant du peuple Boursault.

(9) J'ai été employé dans ce grade comme adjoint au ministre de la guerre Pétiet.

l'Ouest, des côtes de Brest, de Cherbourg, de l'intérieur et d'Italie.

Je me trouvai à Rome dans cet instant malheureux où périt à mes côtés l'infortuné Duphot, et où celui qui vient aujourd'hui de nous faire recueillir le prix de tout le sang dont nos lauriers ont été arrosés fut en danger de périr lui-même (10). Je n'oublierai jamais la maniere flatteuse avec laquelle l'ambassadeur de France reconnut alors mon dévouement (11).

A mon retour de Rome, je fus nommé par le directoire exécutif au commandement général d'un département depuis trop long-tems victime des plus horribles excès (12). J'eus le bonheur d'y ramener et d'y maintenir l'ordre et la tranquillité.

Ici se termine ma carriere militaire, et en commence une nouvelle pour moi, qui n'a été ni moins active ni moins périlleuse.

J'entrai au corps législatif le 1er prairial an 6; ma mission y était de trois années. C'était sans doute le poste le plus honorable et le plus émi-

(10) Le citoyen Joseph Bonaparte.

(11) Voyez le rapport de cet ambassadeur, inséré dans le Moniteur du 23 nivose an 6, daté de Florence du 11 du même mois, et rendant compte des évènemens arrivés à Rome, et de la mort de Duphot, tué à mes côtés. Je revins à Paris avec le citoyen Joseph Bonaparte et sa famille.

(12) Le département de Vaucluse. On se ressouviendra longtems des flammes de Bédouin et du massacre de la Glaciere.

nent que pouvait me confier le peuple français. Je ne considere point si cette nomination m'a été avantageuse (13); je trouve dans ma conscience la juste récompense des efforts que j'ai faits pour le salut de la république et le bonheur de ma patrie.

Je voulus d'abord acquérir quelque connaissance des hommes et des choses ; j'écoutai, je consultai.

J'eus plus d'une fois occasion de gémir de la prévention des hommes, et du malheur des partis.

Je me déterminai à ne monter à la tribune que pour combattre les opinions, et jamais les individus.

C'est à cette détermination que je dois l'assurance de ne m'être permis dans aucune circonstance la moindre personnalité.

Deux opinions me parurent diviser le conseil (14); je crus entrevoir que le véritable but était le terme moyen. Dès ce moment toute idée de

(13) On ne peut mettre en doute que mon entrée dans le sein de la représentation nationale n'ait singulièrement nui à ma carriere militaire : j'avais, avant mon admission honorable parmi les représentans du peuple, le grade que j'occupe encore aujourd'hui.

Tout porte à croire qu'en restant aux armées j'aurais naturellement suivi l'avancement de mes compagnons d'armes que j'avais l'honneur de commander, et dont plusieurs sont aujourd'hui généraux de division, ou lieutenans-généraux.

(14) Le conseil des cinq-cents.

parti s'évanouit à mes yeux ; j'accueillis avec transport les opinions qui se rapprochaient du plan que mon cœur avait adopté, je repoussai celles qui s'en écartaient, et pouvaient nous replonger dans de nouvelles tourmentes politiques.

Mais si la sagesse souriait à mon projet, je reconnus bientôt que la prudence ne me l'aurait pas conseillé. En général ces termes moyens ne satisfont personne ; on veut faire prévaloir son opinion, et pour la faire triompher on recrute, on se crée des amis.

C'était un calcul que l'expérience seule pouvait m'apprendre : je ne sais si jamais j'aurais pu le mettre à profit ; à mon âge on est tout entier à un système que l'on croit bon, et on ne veut rien qu'avec ardeur.

C'est ainsi que je voulais le bien de mon pays ; et en jetant les yeux en arriere, je m'applaudis d'avoir si souvent voté avec la majorité.

Qui de vous, en y réfléchissant, mes anciens collegues, pourrait me blâmer sans me plaindre, s'il était possible que mon inexpérience m'eût fait commettre quelque erreur ?

Si vous reportez vos regards sur ce qui s'est passé, si vous me suivez dans la carriere pénible que j'ai parcourue avec vous, vous reconnaîtrez, j'espere, dans toutes mes actions la franchise d'un soldat accoutumé à ne prendre conseil que du danger et de son courage; vous m'accorderez du zele, et sur-tout de la droiture.

J'ai eu des ennemis; ils ne m'étaient pas personnels, ils étaient aussi les vôtres; ils voulaient arriver à une nouvelle révolution (15). Je me félicite chaque jour d'avoir donné le signal d'une utile résistance à leur projet.

Quel est l'homme de bonne foi qui pourrait aujourd'hui prétexter défavorablement du silence que j'observai alors? devais-je m'abaisser à répondre à de lâches pseudonymes? J'ai dû mépriser des fables odieuses inventées par la fureur des partis (16).

(15) Je déplore la nécessité où je suis de rappeler les fâcheux souvenirs d'une société qui menaçait la république de nouveaux malheurs et de nouveaux deuils, et qui, pour me servir des propres expressions *de Lucien Bonaparte*, « conspirant dans « les ténebres, et réunissant tous les élémens révolutionnaires, « appelait la discorde et l'épouvante dans le sein de la patrie, « etc. etc. » Je fus le premier à entretenir le conseil de la nécessité de prononcer la dissolution de cette société. (Voyez mon opinion du 24 prairial.)

(16) Quelques personnes, assez peu clairvoyantes pour ne pas appercevoir le but et les motifs de l'acharnement avec lequel mes ennemis (qui n'étaient réellement que ceux de la république) s'appliquaient à déchirer ma réputation, ont prétendu que je devais leur répondre. Mais à qui donc répondre? les adresses étaient fausses, les noms supposés. (Ouvrez les journaux de ce tems, vous me verrez accolé au général Moreau, aux citoyens Syeyes, Talleyrand, Daunou, Lucien Bonaparte, etc. etc.)

J'opposai avec avantage aux clameurs ma conduite législative ; j'acquis plus de force, et je cherchai franchement à délivrer mes concitoyens de toute espece d'arbitraire : je voulus mettre un terme aux mesures révolutionnaires qui fatiguaient depuis trop long-tems le corps politique, sans rien faire pour sa guérison.

J'osai lutter enfin contre les cris de mort qui menaçaient les ex-membres du pouvoir exécutif, et retentissaient jusque dans notre enceinte (17). Je regardais leur mise en jugement comme devant être le prélude des plus grandes calamités.

Mon opinion fut l'expression de mon ame : j'avais moins l'ambition de traiter dignement une

J'avais, avec ces deux derniers, combattu la loi des ôtages et la proposition de déclarer la patrie en danger : comme eux je fus calomnié, et comme eux je gardai le silence.

(17) Il existe une liaison trop frappante entre la défense que je pris des ex-directeurs et les inculpations outrageantes dont on m'accabla de nouveau pour qu'il me paraisse utile d'entrer en longue explication sur le nouvel échafaudage de calomnie dont je fus l'objet. Il est évident que c'était moins l'individu que *le député* qu'on voulait diffamer, que *le jury* que la constitution donnait à ces ex-magistrats, qu'on voulait intimider et punir par toutes sortes de moyens.

La réflexion d'un instant doit suffire pour faire apprécier le degré de confiance que méritaient les pamphlets dégoûtans que quelques hommes déhontés dirigerent contre moi. (Voyez mon opinion du 9 brumaire sur la calomnie écrite.)

Le citoyen *Duperron*, juge-de-paix de la division du Luxembourg, m'a appris que mon plus cruel ennemi siégeait à mes côtés.

question de cette importance, que de payer un tribut à la vérité.

On se rappelle que le magistrat qui préside maintenant aux destinées de la république trouva lui-même, dans les accusateurs du directoire, des hommes prêts à le rendre responsable de l'expédition d'Égypte. Je m'étonnais du doute qui s'élevait sur la réussite d'une entreprise confiée au général Bonaparte, et dont le succès pouvait élever la république française au plus haut degré de prospérité, et changer le sort du commerce maritime de l'Europe. Le génie de l'auteur de cette brillante entreprise et la valeur des troupes étaient mes garants.

Ces vérités sont aujourd'hui dans toutes les bouches; mais il y avait alors quelque gloire à les professer, et tout ce que j'ai dit à cet égard du général Bonaparte était du moins désintéressé (18).

(18) Voici comment je m'exprimai sur cette expédition dans des circonstances trop difficiles pour être bien entendu:

« Ce n'est jamais, disais-je, que par les évènemens que le commun des hommes croit devoir juger les entreprises les plus difficiles.

« Bonaparte, dont le génie est au-dessus de ces petites conceptions, de cette diplomatie qu'on appelle politique, projeta son expédition en signant le traité de Campo-Formio : il existait à cette époque des indices certains de ses liaisons avec Malte, qui l'ont facilité dans l'occupation de cette isle.

« Quand on songe aux avantages immenses que la Porte ot-

Je ne donnerai pas, mes anciens collegues, au précis de ma conduite législative tout le développement que votre amitié voudrait y trouver : en

tomane devait retirer de cette expédition, qui, après lui avoir assuré la liberté de sa navigation, devait lui soumettre cette milice indépendante et séditieuse, connue sous le nom de Mammlouks, et qui semblait avoir élevé une barriere insurmontable à l'industrie des Européens ;

« Quand on songe à tout ce que la France a fait et voulait faire pour la Porte dans cette expédition, on se demande comment cette puissance a pu se priver de tous les avantages qu'elle était sur le point de recueillir, pour se mettre à la merci de l'Angleterre.

« Les Anglais savent bien mieux que nous ce qu'une telle entreprise peut avoir de désavantageux pour eux : ses orateurs savent bien que Bonaparte est allé combattre leur patrie en Egypte, et que le succès de cette entreprise peut détruire de fond en comble l'édifice de la prospérité anglaise. »

Enfin je présentai les idées d'un écrivain judicieux et instruit, (le baron de Tott.)

« L'Egypte, a-t-il dit, était destinée à réunir le commerce de
« l'Europe, de l'Afrique, et des Indes... Il n'y avait qu'un grand
« génie qui pût découvrir la situation convenable de son port;
« et Alexandre y bâtit une ville qui, communiquant au Nil par
« un canal navigable, devint la capitale des nations et la métro-
« pole du négoce. Tous les peuples commerçans de la terre res-
« pectent encore ses ruines amoncelées par des siecles de bar-
« barie; ruines qui n'attendent qu'*une main bienfaisante* pour
« relever l'édifice le plus hardi que l'esprit humain ait jamais
« conçu ». (Voyez mon opinion, prononcée en séance secrete, relativement aux ex-membres du directoire.)

vous reportant trop souvent aux époques les plus difficiles de cette carriere, je craindrais de réveiller des haines, que nous sommes tous si intéressés à étouffer.

J'ai trouvé un dédommagement de tout ce que j'ai eu à souffrir dans le choix que le sénat-conservateur daigna faire de moi pour m'appeler.

Dans le moment où l'on désespérait généralement de cette expédition, et où j'étais livré moi-même aux plus cruelles inquiétudes, j'osai encore parler ainsi:

« Une heureuse hardiesse nous ouvrait un chemin nouveau pour partager avec ces audacieux insulaires (les Anglais) les mines inépuisables des grandes Indes; nous avions entrevu le moment où nos mains victorieuses allaient rouvrir à de riches caravanes une route abandonnée depuis long-tems; Alexandrie pouvait être encore une fois l'entrepôt de l'univers et le centre du commerce de l'Asie, de l'Afrique, et de l'Europe: mais, au moment d'en faire ainsi le lien de trois parties du monde, nous abandonnons, par insouciance et par légèreté, la plus brillante des entreprises; et nous livrons au hasard des évènemens des hommes dont l'intrépidité a peut-être lassé la fortune en luttant dans les déserts de la Syrie contre tous les genres de besoin. Heureux si les faibles secours que nous leur destinons peuvent encore les trouver en mesure de réaliser des projets dont l'exécution est peut-être le seul moyen qui nous reste pour renverser la puissance colossale que *l'Angleterre éleve sur les ruines de toutes les puissances maritimes!* » (Voyez mon opinion du 27 fructidor an 7.)

En ma qualité de représentant de la nation, pouvais-je donner un témoignage plus sincere d'attachement et de dévouement aux braves de cette expédition et à leur illustre chef?

aux fonctions législatives (19) : j'ai beaucoup à regretter que mon âge m'ait privé de jouir de cette marque honorable de sa confiance.

Je viens de faire avec vous tous, mes anciens collegues, l'examen de ma conduite militaire et législative.

Je viens de remplir le vœu que je dois à l'amitié bien prononcée de plusieurs d'entre vous qui avez pensé que cette publication m'était néces-

---

(19) Les sénateurs Villetard et Chollet ont eu en mains mon extrait baptistaire.

Né le premier mars 1771, je n'avais pas terminé ma vingt-neuvieme année au moment de mon élection : la constitution prescrit trente années révolues. Le sénat-conservateur, sur la déclaration de mon âge, procéda à mon remplacement, et nomma l'estimable citoyen Pison-Dugalland.

Je ne puis me résoudre aujourd'hui à supposer aucun motif plausible de refroidissement à mon égard dans le sénat ; je n'ai pu démériter son estime depuis l'époque où il me nomma au corps législatif, et j'ai reçu d'ailleurs trop de marques d'amitié de la plupart de ses membres.

Une circonstance que je ne puis m'empêcher de citer avec complaisance justifie ma sécurité à cet égard.

Le hasard me procura la rencontre de plusieurs sénateurs réunis : après les diverses questions qui marquaient l'intérêt le plus vif, je dus répondre que j'étais *sans fortune et sans emploi*. Ils s'empresserent de me donner une nouvelle assurance de leur attachement dans une déclaration écrite dans les termes les plus honorables.

Elle est entre les mains du sénateur Chollet.

saire. Puissiez-vous tous reconnaître que j'ai fourni cette double carriere sans manquer à mes devoirs!

SHERLOCK.

Paris, 30 germinal an 9,

P. S. J'aurais voulu pouvoir passer sous silence ma traduction à la maison d'arrêt militaire de l'Abbaye, le 18 nivose an 8; mais, puisque je publie une notice de ma vie entiere, je ne dois pas laisser mes ennemis jouir plus long-tems des fausses conséquences qu'ils ont tirées de cet évènement.

Cette traduction eut lieu peu de tems après la déclaration de mon âge, qui me priva de siéger au corps législatif.

L'art avec lequel on en a dénaturé les motifs, et la maniere d'ailleurs dont elle a été rendue publique dans diverses feuilles, telles que *le Citoyen français*, *le Journal de Chaignieau*, *l'Ami de la Paix*, et *le Messager des Relations extérieures*, prêtant à des interprétations trop désavantageuses pour moi, m'obligent d'insérer ici la lettre par laquelle le général Lefebvre, qui l'avait ordonnée, me rendit la liberté.

« Au quartier-général à Paris, le 5 pluviose an 8.

LE GÉNÉRAL LEFEBVRE,

COMMANDANT EN CHEF LES 15ᵉ ET 17ᵉ DIVISIONS MILITAIRES,

A L'ADJUDANT-GÉNÉRAL SHERLOCK,

« C'est avec plaisir, citoyen général, que je vous envoie
« l'ordre de votre sortie.

« J'aime beaucoup à croire que les petites contestations que
« vous avez eues avec le général de division...... n'auront pas de

« suite; deux braves militaires comme vous se doivent tout en-
« tiers à la patrie.

« Pour éviter toutes les mauvaises interprétations que la mal-
« veillance pourrait donner à votre arrestation, je déclare qu'elle
« n'a eu lieu que pour faute de discipline militaire.

« Salut et amitié.

« *Signé* LEFEBVRE. »

Cette lettre me dispense de toute autre explication.

FIN.

www.ingramcontent.com/pod-product-compliance
Lightning Source LLC
Chambersburg PA
CBHW060452050426
42451CB00014B/3279